Ein Bilderbuch von Bärbel Spathelf
mit Bildern von Susanne Szesny

Bärbel Spathelf  Susanne Szesny

# Die Zahnputzfee

oder Die Zahnputzfee erklärt,
wie die Zähne gesund bleiben

**D**as sind Philip und Katharina.
Sie gehen beide in den Kindergarten. Philip ist der Große und kommt im Herbst schon in die Schule.
Die Kinder haben den ganzen Nachmittag im Garten gespielt. Jetzt wird es langsam dunkel und es wird Zeit, ins Bett zu gehen. Mama kommt mit der kleinen Schwester Stefanie ins Bad.
„Vergesst nicht, eure Zähne zu putzen", sagt sie und stellt die Zahnputzbecher mit den Zahnbürsten hin. Dann nimmt sie Stefanie auf den Arm und geht aus dem Bad.
„Dazu habe ich aber gar keine Lust", mault Philip.
„Dann putz ich meine Zähne heute auch nicht", sagt Katharina.
„Das wäre aber ganz schön dumm von euch", hören die beiden plötzlich eine zarte Stimme.

Vor ihnen erscheint eine kleine Fee.
Die Kinder schauen sich erstaunt an.
„Wer bist du denn?", wollen sie wissen.
„Wisst ihr das denn nicht?", fragt die Fee und schwenkt eine kleine Zahnbürste, die sie in der Hand hält. Aus der Zahnbürste sprühen winzige Seifenblasen. „Ich bin doch die Zahnputzfee", antwortet sie. „Ich bringe Kindern, denen ein Wackelzahn ausfällt, Überraschungen. Außerdem weiß ich eine Menge übers Zähneputzen. Ihr wisst wohl nicht, warum es so wichtig ist, die Zähne zu putzen?"
„Warum denn?", will Philip wissen.
„Na, das ist doch ganz einfach. Ihr habt gerade zu Abend gegessen und davon sind noch kleine Essensreste an und zwischen euren Zähnen", antwortet die Zahnputzfee. „Wenn ihr die nicht wegputzt, bilden sich ganz gefährliche Zahnbeläge auf euren Zähnen."

„Warum sind die denn so gefährlich?", fragt Katharina.
„Weil in den Zahnbelägen Bakterien leben", erklärt die Zahnputzfee, „und die fressen gerne Essensreste, vor allem die süßen. Und genauso, wie ihr aufs Klo müsst, wenn ihr etwas gegessen habt, so müssen auch die Bakterien. Doch das, was die Bakterien ausscheiden, ist Säure. Die Säure macht kleine Löcher in eure Zähne. Das nennt man dann Karies."
Philip und Katharina kratzen mit ihren Fingernägeln über ihre Backenzähne. Sie haben beide weißlichen Zahnbelag unter den Fingernägeln.
Katharina riecht daran: „Igitt! Das stinkt aber. So was will ich nicht an meinen Zähnen haben!"
Auch Philip schüttelt sich und fragt die Zahnputzfee: „Und mit Zähneputzen kann man die fiesen Bakterien wegmachen?"

„Na klar", sagt die Zahnputzfee. „Wenn ihr richtig putzt, löst ihr den Zahnbelag und auch die Essensreste von euren Zähnen und spuckt sie dann einfach aus."
Die Kinder greifen sofort zur Zahnpasta und drücken sie auf ihre Zahnbürsten.
„Passt mal auf, jetzt zeige ich euch, wie ihr das am besten macht", sagt die Zahnputzfee. „Zuerst spült ihr euren Mund mit klarem Wasser aus, damit schon vor dem Putzen Essensreste weggespült werden. Beim Putzen fangt ihr am besten zuerst mit den Außenseiten der Zähne an, dann bürstet ihr die Innenseiten aller Zähne und zum Schluss alle Kauflächen. Aber drückt nicht zu stark ..."
„Meine Mami sagt aber immer, ich soll zuerst die Kauflächen der Backenzähne, dann außen und zum Schluss innen putzen. Abgekürzt heißt das dann KAI", unterbricht Katharina.
„So kann man es natürlich auch machen", sagt die Zahnputzfee. „Wichtig ist, dass ihr die Zähne in kleinen Kreisen putzt. Wer das noch nicht schafft, sollte vom Zahnfleischrand weg putzen. Von rot nach weiß, also vom roten Zahnfleisch hin zu den weißen Zähnen. Das sieht dann ungefähr so aus."
Sie zeigt den Kindern die unterschiedlichen Putzbewegungen.

„Das Wichtigste beim Zähneputzen ist jedoch", erklärt die Zahnputzfee danach, „dass ihr regelmäßig und gründlich putzt.
Und damit die Zähne richtig sauber werden, solltet ihr ungefähr drei Minuten lang die Zähne putzen."
„Ich kann noch keine Uhr lesen. Woher weiß ich, wann drei Minuten um sind?", fragt Katharina.
„Eine gute Frage. Ich werde darüber nachdenken", lächelt die Fee.
Die Kinder sind fertig.
„Na prima", sagt die Zahnputzfee. „Ich hoffe, ihr wisst jetzt, wie wichtig das regelmäßige Zähneputzen ist. Morgens, abends und am besten auch, nachdem ihr etwas gegessen habt! Sonst entsteht dieser eklige Zahnbelag."
„Ja, ist doch klar", antwortet Philip und Katharina nickt mit dem Kopf.
„Morgen machen wir mit dem Kindergarten einen Ausflug zum Zahnarzt. Da kannst du ja mitkommen", schlägt Katharina vor.
„Keine schlechte Idee", überlegt die Zahnputzfee. „Also, bis morgen!"
Dann ist die Zahnputzfee auf einmal verschwunden.
Mama kommt wieder ins Bad und schaut nach, ob die Zähne der Kinder auch richtig sauber sind.
„Prima, ihr zwei", lobt sie. „Heute kann ich wirklich nichts mehr an euren Zähnen entdecken. Ihr habt ganz toll geputzt."
Philip und Katharina zwinkern sich zu und verschwinden in ihren Zimmern.

**A**m nächsten Morgen putzen sich Philip und Katharina gründlich die Zähne. Doch Philip kann die Zahnputzfee nirgends entdecken. Auch als sie sich für den Kindergarten anziehen, können sie die Fee nicht sehen. Mama packt Frühstücksbrote und Äpfel in die Umhängetaschen.
Stefanie wird in den Kinderwagen gesetzt und los geht's zum Kindergarten.
Als alle Kinder da sind, ruft Kirsten, die Erzieherin, sie zusammen.
„Wie ihr wisst, machen wir heute einen Ausflug zur Zahnärztin. Sie will sich eure Zähne anschauen und euch etwas über Zahnpflege erzählen. Jetzt frühstücken wir aber erst einmal."
Kirsten stellt einen Korb mit Äpfeln und Möhren auf den Tisch. „Schön, dass ihr alle an eure Frühstücksbrote gedacht habt", sagt sie. „Wenn ihr wollt, könnt ihr euch etwas aus dem Korb nehmen. Obst und Gemüse ist für eure Zähne besonders gut."
„Ich hab ein Brot mit Käse. Ist das auch gut?", will Katharina wissen.
„Ja", sagt Kirsten. „Besonders Vollkornbrot. Da haben die Zähne tüchtig was zu kauen."

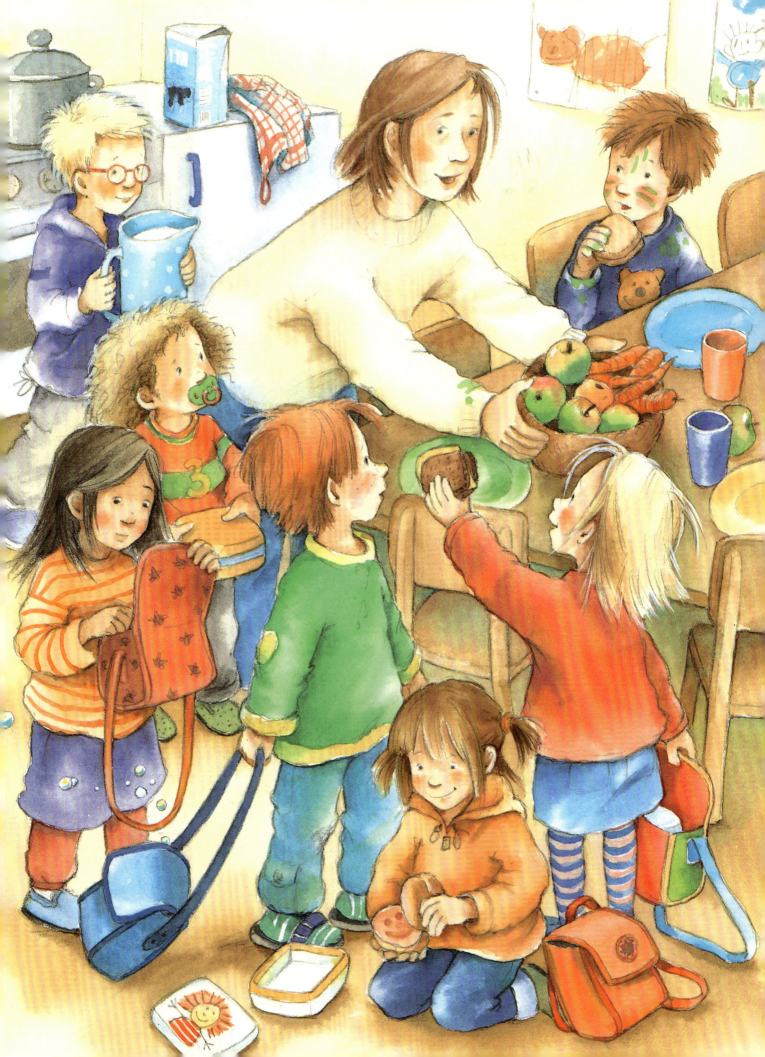

„Was ist denn schlecht für die Zähne?", fragt Sebastian.
„Ich glaube, Schokolade, Zucker, Chips und Bonbons", weiß Max.
„Und süße Limos sind auch ganz schlecht für die Zähne", erklärt Isabella.
„Richtig", sagt Kirsten. „Süßigkeiten hängen sich besonders gerne und fest in eure Zähne. Das lockt Bakterien an. Aber auch alle anderen Sachen, die ihr in den Mund nehmt und kaut oder trinkt, müssen nach dem Essen wieder von den Zähnen gebürstet werden."
„Dürfen wir denn nie wieder etwas Süßes essen?", will Katharina wissen.
„Doch. Aber ihr solltet nicht zu viele klebrige, süße Sachen wie Riegel, Bonbons und Limonade essen und trinken. Und in den Kindergarten nehmt ihr lieber etwas Gesundes mit", antwortet Kirsten.

Auf dem Weg zur Zahnärztin fragt Philip heimlich Katharina: „Weißt du, wo die Zahnputzfee ist?"
Gerade als Katharina antworten will, hören sie beide eine leise Stimme: „Ich bin hier. In deiner Tasche. Und du hast es nicht bemerkt!", kichert die Zahnputzfee. „Darf ich in deiner Tasche bleiben, Philip?"
„Na klar!", antwortet Philip und fühlt sich besonders groß.

**B**ald schon stehen sie vor der Praxistür und klingeln.
Die Zahnärztin macht ihnen die Tür auf. Es riecht etwas komisch hier, aber die Zahnärztin sieht eigentlich sehr freundlich aus.
„So, Kinder, ihr dürft euch jetzt erst mal etwas umschauen. Und wenn ich dabei bin, könnt ihr auch das eine oder andere ausprobieren", begrüßt sie die Kinder.
Im Behandlungsraum steht ein großer Stuhl mit vielen Geräten drum herum.
„Wer will sich denn mal draufsetzen?", fragt die Zahnärztin.
Die Kinder schauen ein bisschen ängstlich. Dann sind sie aber doch neugierig und wollen sehen, wie das alles funktioniert.
Max setzt sich auf den Stuhl und die Zahnärztin drückt auf einen Schalter. Der Stuhl fährt nach oben und aus dem Stuhl wird eine Liege.
Oben geht auch noch ein Licht an.
„Das ist ja Klasse!", ruft Max.
Dann fährt der Stuhl wieder zurück.
„Ich will auch mal!", rufen einige Kinder.
Jeder darf mal hoch- und runterfahren.
Was für einen Spaß das macht!

„Jetzt möchte ich euch die Instrumente zeigen, die ein Zahnarzt benutzt", sagt die Zahnärztin. Sie hält einen kleinen silbrigen Spiegel an einem Stiel in die Höhe.
„Das ist ein Mundspiegel. Damit kann ich mir eure Zähne besser anschauen. Und das hier ist eine Sonde." Sie hält etwas hoch, das aussieht wie ein kleiner Haken.
„Damit kann ich prüfen, ob in einem Zahn ein Essensrest oder ein Kariesloch ist. Und mit dem Licht da oben kann ich besser in euren Mund schauen."
Die Kinder stehen staunend um sie herum. Sie dürfen die Geräte in die Hand nehmen und genau ansehen.

„Als Nächstes schaue ich mir eure Zähne an. Wer möchte denn jetzt als Erster auf den Stuhl klettern?", fragt die Ärztin.
Die Kinder zögern kurz.
Dann aber steht Philip auf und sagt: „Ich will zuerst."
Die Zahnärztin schaut mit dem Mundspiegel in Philips Mund.
Die Zähne überprüft sie mit der Sonde. Dann sagt sie: „Deine Zähne sind alle in Ordnung. Ich glaube, da vorne bekommst du deinen ersten Wackelzahn."
„Ehrlich?", strahlt Philip.
Die Zahnärztin gibt ihm ein Blatt Papier, auf dem ein großer lachender Zahn zu sehen ist. „Das kannst du deinen Eltern geben. Dann wissen sie, dass deine Zähne gut sind."
Die Zahnärztin schaut nun jedem Kind in den Mund und untersucht die Zähne. An manche Kinder verteilt sie ein Blatt mit einem weinenden Zahn, weil sie ein Loch in einem Zahn gefunden hat. Diese Kinder sollen später mit ihren Eltern noch einmal wiederkommen, damit die Zähne in Ordnung gebracht werden können.

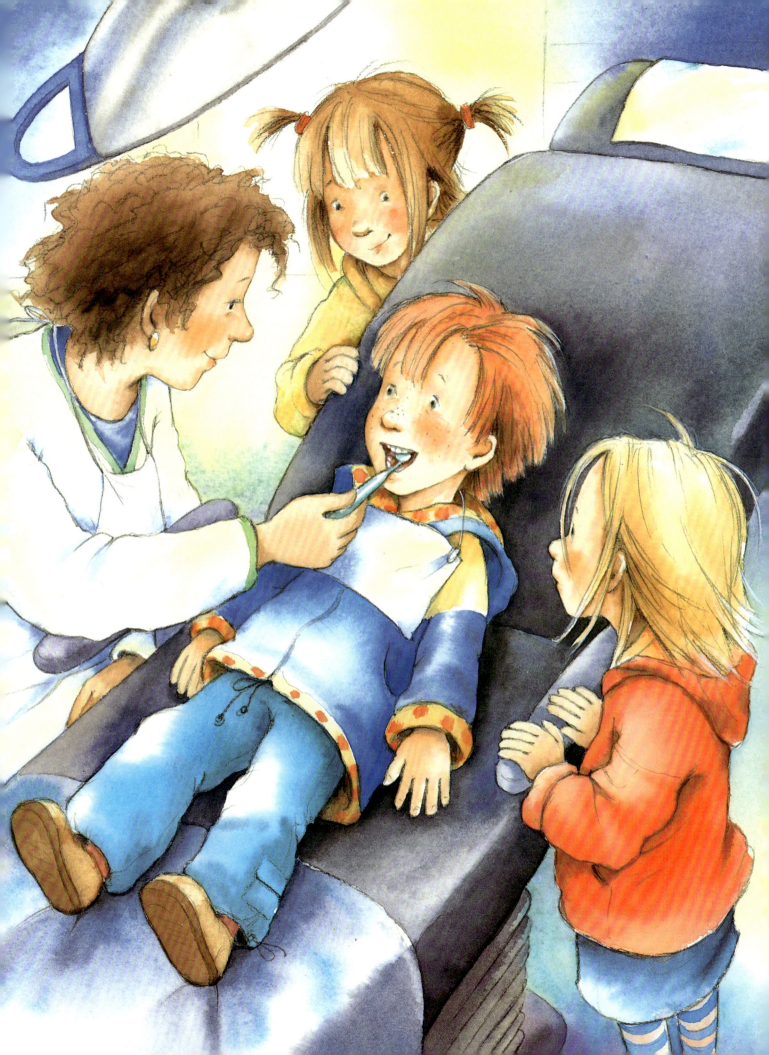

„Wisst ihr denn auch, warum es so wichtig ist, dass ihr eure Zähne regelmäßig und sorgfältig putzt?", fragt die Zahnärztin die Kinder.
„Wissen wir schon!", sagt Katharina. „Wegen der stinkenden Bakterien!"
„Toll, dass ihr euch schon so gut auskennt!", staunt die Zahnärztin. „Die meisten Karieslöcher kommen von zu viel Süßem und zu wenig Zähneputzen! Wenn Karies den Zahnschmelz, das ist die Schutzschicht eurer Zähne, zerstört hat, kann die Zahnfäule weiter vordringen. Und dann fangen die Zahnschmerzen an."
„Das tut höllisch weh", weiß Patrick zu berichten. „Ich musste zum Zahnarzt und er hat mir eine Füllung in den Zahn gemacht."
„Oje", sagt Katharina und schaut Patrick mitleidig an.
„Seitdem putze ich regelmäßig meine Zähne", fügt Patrick hinzu.
„Das ist gut!", lobt die Zahnärztin. „So bekommst du wenigstens keine neuen Löcher. Aber besser ist es natürlich, wenn man die Zähne so regelmäßig putzt, dass gar keine Löcher entstehen können. So, ich denke, das reicht für heute. Es war schön, dass ihr mich besucht habt", sagt die Zahnärztin und bringt Kirsten und die Kinder zur Tür.
„Danke!" und „Tschüss!" rufen die Kinder.

**A**ls Katharina und Philip wieder zu Hause sind, haben sie ihren Eltern viel zu erzählen.

„Mama, heute waren wir bei der Zahnärztin und meine Zähne sind alle in Ordnung", strahlt Katharina.

„Meine auch", sagt Philip. „Und die Zahnärztin sagt, dass ich einen Wackelzahn bekomme."

Nach dem Abendessen putzen sich Philip und Katharina im Bad die Zähne, und zwar genau so, wie man am besten die Essensreste und Bakterien loswird.

Die Zahnputzfee schaut zufrieden zu und freut sich. „Super, wie ihr das jetzt macht!"

„Hier, schau mal!", sagt Philip zu der Zahnputzfee. „Ich hab einen echten Wackelzahn. Hast du jetzt eine Überraschung für mich?"

„Na klar, aber erst wenn der Milchzahn ausgefallen ist", antwortet die Zahnputzfee.

„Und nur wenn er auch kein Loch hat. Denn nur dann können deine neuen Zähne gesund nachwachsen. Und wie eure Zähne gesund bleiben, wisst ihr ja jetzt."

„Ja, wissen wir", sagt Katharina.

**D**ie Zahnputzfee lächelt sie freundlich an. „Und damit Katharina auch weiß, wie lange sie putzen soll, habe ich euch beiden ein Geschenk mitgebracht."
Sie schwenkt ihre kleine Zahnbürste durch die Luft und zaubert eine große schillernde Seifenblase. Die Seifenblase landet auf Katharinas Hand und zerplatzt. Nun hält Katharina eine kleine Sanduhr und für jeden eine neue Zahnbürste in ihrer Hand.
„Oh toll! Neue Zahnbürsten für Philip und mich. Aber was ist das denn? Das sieht aber schön aus!", freut sich Katharina.
„Das ist eine Sanduhr", erklärt die Zahnputzfee.
„Solange der Sand in der Uhr von einer Seite auf die andere rieselt, putzt ihr euch die Zähne. Dann sind die Zähne sauber und außerdem macht es so mehr Spaß", sagt die Zahnputzfee.
„Nun muss ich leider gehen. Aber ich komme euch bald wieder besuchen."
„Klasse!", freut sich Philip. „Und vielen Dank für die tollen Geschenke. Am liebsten würde ich meine Zähne jetzt gleich nochmal putzen. Aber vielleicht warte ich auch bis morgen früh", überlegt er.
„Das wird sicher lustig."

**SUSANNE SZESNY**

wurde 1965 in Dorsten geboren. Sie studierte Visuelle Kommunikation in Münster und hat unter anderem bereits viele Bücher für Kinder illustriert. Seit 1990 arbeitet sie als freiberufliche Illustratorin und lebt heute mit ihrem Mann und einem Sohn in Duisburg.

**BÄRBEL SPATHELF**

wurde 1957 in Villingen geboren. Nach dem Abschluss als Diplomkauffrau arbeitete sie einige Zeit für Werbeagenturen, bevor sie sich als Marketingberaterin selbstständig machte. Mit ihrem Mann und drei Kindern lebt sie in der Nähe von Frankfurt.

Der Bilderbuch-Hit zum Thema Schnuller, von Bärbel Spathelf und Susanne Szesny:

„EIN BÄR VON DER SCHNULLERFEE"
Bärbel Spathelf (Text), Susanne Szesny (Illustration)
ISBN 3-930299-22-4

In diesem Bilderbuch geht es um Katharina, die große Schwester von Stefanie. Katharina kann sich einfach nicht von ihrem Schnuller trennen. Doch eines Nachts bekommt Katharina Besuch von der Schnullerfee. Die Fee schlägt ihr einen Tausch vor. Wenn Katharina ihr den Schnuller gibt, darf sich Katharina etwas wünschen. Zunächst lehnt Katharina ab. Doch schon bald schreibt sie einen Brief an die Fee, in dem sie sich einen Teddybären wünscht. Und als die Fee erneut kommt, schafft es Katharina, ihren Schnuller aufzugeben.

Zum Thema 'Daumenlutschen' von den selben Autorinnen:
„PHILIP UND DER DAUMENKÖNIG"
Originalausgabe, ISBN 3-930299-26-7

Originalausgabe, 3. Auflage

© 2002 Bärbel Spathelf (Text)
© 2002 Susanne Szesny (Illustration)
© 2002 Albarello Verlag GmbH
Alle Rechte liegen bei Albarello Verlag GmbH,
Wuppertal
ISBN 3-930299-56-9

# Albarello - Für Kinder die schönsten Bücher.
## Weitere Bilderbuch-Hits von Bärbel Spathelf und Susanne Szesny:

"PHILIP UND DER DAUMENKÖNIG"
Susanne Szesny (Illustration),
Bärbel Spathelf (Text)
Originalausgabe
mit Daumenkönig-
Fingerpuppe
ISBN 3-930299-26-7

"JETZT WIRD ABER GESCHLAFEN" oder
Wie die Schlummermaus hilft zu schlafen.
Susanne Szesny (Illustration),
Bärbel Spathelf (Text)
Originalausgabe
mit Schlummermaus
ISBN 3-930299-46-1

"DER KLEINE ZAUBERER WINDELFUTSCH"
oder Wie man die Windel loswird.
Susanne Szesny (Illustration),
Bärbel Spathelf (Text)
Originalausgabe
mit "Tütenkasper"
ISBN 3-930299-36-4

Philip lutscht nachts noch am Daumen, obwohl er doch zu den "Großen" im Kindergarten gehört. Als ihn sein bester Freund David einlädt, bei ihm zu übernachten, würde Philip gerne Ja sagen. Aber was ist, wenn David merkt, dass er noch am Daumen lutscht? Zum Glück hat Philips Mutter eine tolle Idee. Sie malt Philip eine kleine Figur auf den Daumen, den Daumenkönig. Mithilfe dieses Daumenkönigs und seiner Freunde, die nachts plötzlich auf Philips Bettdecke stehen, gelingt es Philip wirklich, mit dem Daumenlutschen aufzuhören. Endlich kann die Übernachtung bei David stattfinden. Doch kurz vor dem Einschlafen bemerkt Philip, dass auch sein großer Freund David ein Geheimnis hat ...
An jedem Buch hängt eine Daumenkönig-Fingerpuppe aus Filz.

Mit der Schlummermaus schlafen lernen. Jeden Abend dasselbe: Katharina will einfach nicht schlafen. Schließlich landet sie im elterlichen Bett, da sie Angst vor den dunklen Schatten in ihrem Zimmer hat. Klar, dass am nächsten Morgen die ganze Familie unausgeschlafen und schlecht gelaunt ist. Doch dann fällt Katharinas großem Bruder Philip die Schlummermaus ein, mit der er seine Angst im Dunklen besiegen konnte, und so schenkt er die Schlummermaus an Katharina weiter. Am Abend nimmt Katharina die Schlummermaus mit ins Bett und schläft so ruhig ein. Mitten in der Nacht wird sie wieder wach und fürchtet sich. Doch mit der Schlummermaus in der Hand ist sie mutig genug um ihre Angst zu überwinden. Von nun an schläft Katharina jeden Abend mit der Zaubermaus im Arm ein und die ganze Familie kann endlich wieder richtig durchschlafen.
An jedem Buch hängt eine Schlummermaus mit Zauberstern.

Obwohl es Stefanie sehr ärgert, dass sie oft 'Windelbaby' gerufen wird, kommt sie nicht ohne Windel aus.
Bis eines Tages der kleine Zauberer Windelfutsch erscheint. Dieser kleine Zauberer zeigt Stefanie mit viel Witz und Spaß, wie und wann man aufs Töpfchen geht. Damit Stefanie immer rechtzeitig an das Töpfchen denkt, schenkt der Zauberer ihr als Erinnerungshilfe eine Medaille und lässt seinen kleinen Helfer Fridolin da, eine Stabpuppe. Mithilfe von Windelfutschs Geschenken klappt das Töpfchengehen immer besser. Schon bald geht Stefanie voller Stolz in den Kindergarten, um vom Zauberer Windelfutsch und ihrem Erfolg zu berichten, denn ab jetzt braucht sie keine Windel mehr.
Bei jedem Buch ist eine Stabpuppe zur Unterstützung der Geschichte.